AF330387

A ARRAS,

Chez BOCQUET, Libraire, Rue des Grands - Vièziers, coin de celle du Canon - d'or.

ET A PARIS,

Chez tous les Marchands de Nouveautés,

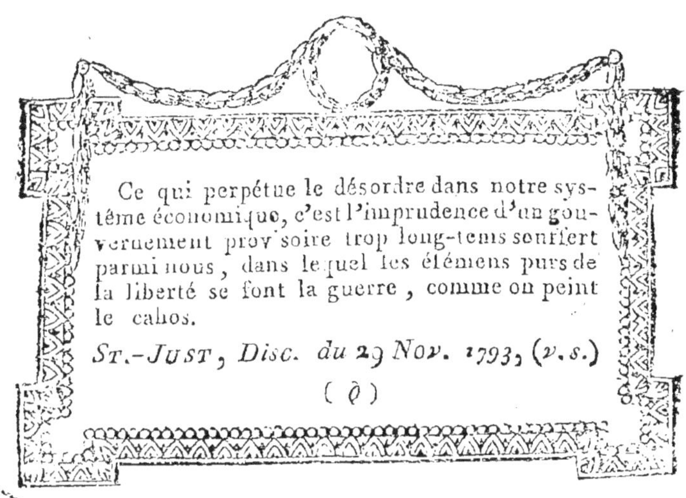

LE MAXIMUM

DÉMONTRÉ

CONTRE-RÈVOLUTIONNAIRE

O U

LA LIBERTÉ DU COMMERCE,

PAR BARBET.

A. Discuter si le Commerce doit être libre, c'est soumettre à une grande discussion si 2 et 2 font quatre.

B. Vous tranchez bien prestement une

____

(ϙ) St. Just n'étoit pas alors membre du Comité de Salut Public ; et il n'avoit pas le délire de la toute puissance.

A

question que les Smith , les Montesquieu rendent pour moi encore comme indécise.

A. Mon ami, c'est que vous avez encore un pied dans l'ornière un peu fangeuse de la routine ; on vous croiroit tout fraichement sorti de l'école du Docteur Billaud qui doute si un peuple doit être libre au préalable, pendant qu'il conquiert sa Liberté.

B. Plaisanter n'est pas répondre ; un épigramme n'est pas un raisonnement.

A. Que ne demandez-vous à Lagrange une démonstration mathématique bien en forme, pour qu'il vous prouve qu'un triangle est composé de trois angles.

Citez-moi l'élément politique avec lequel les élémens de la Liberté soient en guerre naturelle ? citez-moi un être dans la nature auquel la liberté soit fatale ? Pour vous, pédagogues politiques, raisonneurs fourrés, vous ne semblez mettre à la gêne les principes de la nature, dans votre étroit cervelet, que pour les proportionner à vos petites idées : viels enfans , vous faites descendre la lune dans un sceau d'eau pour la voir au-dessous de vous. Extravagans dans votre orgueil, vous ressemblez à ce jardi-

nier à la *moderne*, qui mutile le chêne al-
tier de son jardin pour lui donner ce qu'il
appelle élégance de contour , et qui n'est
autre chose qu'un rapprochement à la pe-
titesse de sa stature humaine. S'il ne tenait
qu'à lui, il abaisseroit les Alpes majestueux
jusqu'à pouvoir sauter par dessus à pieds
joints. Ainsi nos décemvirs nous avoient
fait mettre à genoux sous le tranchant de
la guillotine, pour se dire plus grands que
nous.

B. Vous galoppez sur un cheval de ba-
taille bien fougueux ; mais raisonnons froi-
dement, sans faire tant de figures oratoires.
Pour bien juger d'un tableau , il faut se
placer dans son véritable point de vue. Ainsi,
en révolution , on doit tout révolutionniser;
le révolutionnisme est une crise qui seule
peut sauver un malade depuis long-tems
en langueur.

A. A vous entendre, raisonneurs Barè-
ristes, ne croiroit-on pas que ce mot, *révo-*
lution, est un talisman de la magie noire
qui ne fait appercevoir aux regards éton-
nés que des chaînes, des cachots, des tom-
beaux : pour égayer le sombre de ce fa-
rouche raisonnement, par une comparaison
joviale, vous êtes, messieurs les docteurs

politiques, de nouveaux diaphorus, vous
réduisez tout l'art de la médecine dans l'eau
et la saignée : il faudroit bien vous croire,
si vous étiez les seuls raisonneurs de ce bas
monde ; mais je connois certains radoteurs
se disant les élèves du bon J. Jacques, qui
me soutiennent que notre révolution est la
simplicité même, c'est un appel énergique
aux droits de la nature ; c'est la guerre à
mort contre tous les abus liberticides qui pe-
soient sur l'homme créé libre et devenu
esclave. Parlemens, intendances, nobles,
prêtres, commis, traitans, rois, barrières,
douanes, fiscalités, autels et trônes, fai-
soient l'éternel malheur du peuple ; ce fais-
ceau de fléaux réunis est brisé, voilà notre
révolution. Mais vous, *grands hommes
d'état*, on croiroit que vous possédez la
clef de l'énigme machiavéliste, vous leurez
le peuple avec des mots nouveaux,
vous refondez ses chaînes, donnez une forme nouvelle à leurs anneaux, vous les rivez
sous une lime dorée, et les vernissez
des couleurs tricolores ; mais en dépit de
votre art, je n'y vois que des chaînes qui
n'ont changé que de forme sans changer de
pesanteur. Le triumvirat succède à la royauté ; ces intendants insolents autant que tor-
tionnaires sont remplacés par des *plein pou-*

voirs portant une aigrette tricolore qui tiennent aussi un *certain quant à soi* et qui de plus..... Mais qui ne connoit pas maintenant les déprédations des Verrès modernes, faut-il toujours parler des Carrier , des Lebon et des Duquesnoy.... au lieu des Douânes de barrieres, des impitoyables traitans , n'avons nous pas des *récensemens ,* un *maximum*, des *réquisitions.*

B. Eh mon ami , vous rêvez en homme de bien : vous ne calculez pas sur la méchanceté de l'homme...

A. Parce que je connois la méchanceté de l'homme , je veux faire disparoitre l'homme de tous les actes du gouvernement , je ne veux appercevoir que la loi.... Toute mesure qui dépend de l'impassibilité de l'un de mes semblables , devient tyrannique et désastreuse , car aucun homme n'est impassible : quand il est tout puissant , les moindres nuages qui s'elèvent dans son ame , ne sont que trop souvent des ouragans pour ceux qui dépendent de lui , les erreurs de son jugement ne peuvent créer que des victimes..... Tiens , vois ces 1200 bastilles dont ces *plein pouvoirs* en habits de proconsuls ont herissé la France. Lis le *martyrologe* du Decemvirat, tu y verras les noms de quarante mille citoyens égorgés par les poignards de l'arbitraire tout puissant : prends en main la fatale généalogie de nos malheurs... L'influence d'une popularité hypocrite produit un vertige général que l'on prend pour un ardent révolutionisme et qui n'est qu'une déviation des principes, une extravagance aveugle dans des mesures outrées ; à l'ombre de ce vertige universel naît la dictature Décemvirale ; cette dictature donne naissance à l'antropophagie qui ne s'alimente que de cadavres, à cet abrutissement des sauvages qui coupent l'arbre pour mieux cueillir ses fruits. De-là ces réquisitions qui pompent toutes les richesses du commerce en l'épuisant jusqu'à l'extinction ; de là ce Maximum inquisitorial qui poursuit l'ombre de la liberté commerciale jusqu'au milieu du tête-à-tête domestique, où elle tente de se réfugier : de là ces milliers de vautours qui successivement se sont engraissés du sang du peuple ; de là ces nuées d'oiseaux de proie qui font journellement leur *curée* des fruits de nos labeurs.

B. Ah vous exagérez, vous êtes riche dans vos coloris, d'ailleurs ces petits inconvénients tiennent à la foiblesse humaine, rien n'est parfait ici bas.... En révolution la liberté de commerce ! pensez-y à deux fois, non jamais dans l'histoire.......

A. Vous me renvoyez à l'histoire, je ne récuse pas son témoignage; restez vous un peu car je vais vous faire voir du pays; vîte parcourons en poste les contrées où l'œil observateur découvre les symptômes révolutionnaires; Athènes chassant les Pisistrates, conquérant sa démocratie sur toutes les forces réunies de l'Asie, couvre de ses flottes marchandes les mers Européennes et ses marchands établissent des comptoirs à Bizance et à Memphis.

Rome anathêmatisant Tarquin et la royauté, essaye d'ouvrir un commerce avec Tarente *la riche* et la Sicile.

Les Bataves luttant contre les milliards de Philippe et la tactique militaire du Duc d'Albe, battus dans leurs marais, transportent leur cité sur l'Océan, s'emparent du commerce des Colonies et des trésors de leurs ennemis qui réduits à l'indigence, implorent la paix comme une faveur.

L'Angleterre au milieu de cette crise révolutionnaire qui conduisit son roi à l'échafaud, établit le commerce le plus hardi qu'aucun peuple aît encore entrepris,

Les États unis d'Amérique se procla-
mant affranchis du joug Anglais , sans armée , sans finance , ont à soutenir une
guerre orageuse contre l'Angleterre , alors
reine des mers ; ils ont à déjouer les intri-
gues de la Cour la plus astucieuse de l'Europe. Les guinées Anglaises achètent la foi de
leurs généraux, leurs places fortes sont prisés
leurs armées trahies et battues, ils créent
un papier monnoie pour sauver l'état de
sa perte , et le gouvernement d'une banque-
route , qui ne pouvoit être que fatale à la
liberté. Les spéculations de la bourse de
Londres , font baisser de 90 pour cent ce
papier national. Franklin et Washington
n'ont pas recours à une popularité hypocrite autant que désastreuse , en paralysant
le commerce ; ils ne forcent pas la main
du marchand , en taxant le fruit de son industrie , ils rallient la confiance nationale
autour de cette chartre qui promet sûreté
aux propriétés , respect pour les droits sa-
crés de l'homme ; l'industrie prend un nou-
vel essort. Le commerce se fraye des routes nouvelles vers l'Amérique Septentriona-
le; il établit des Comptoirs jusques sous le
canon des flottes Anglaises. L'enthousiasme
national force l'abondance de rouvrir ses
riches canaux. L'abondance due à un gouvernement sage , fait naître le fanatisme de

la liberté ; l'Anglais est battu et la république américaine achève heureusement une des plus orageuses révolutions par le seul effort d'une grande sagesse , sans connoître les récensements vexatoires , la diplomatie de la gabelle , les tarifs et tous ces édits bursaux qui ont entassés des monceaux de chaînes sur notre liberté.

B. Avec toutes vos courses vagabondes , vous vous fatiguez beaucoup sans approcher d'un point de la véritable question. Que me fait à moi Athènes et Rome si je meurs de faim ; sans tant courir le monde faites moi un petit raisonnement bien décisif pour m'expliquer 1°. la hausse extra-ordinaire de vos denrées, 2°. leur disparution subite : j'ai toujours la bonhommie d'y voir un accaparement criminel et des spéculations contre-révolutionnaires.

A. Qu'en conclure ; que l'ignorance est bizare quand elle veut raisonner à l'aveugle sur des effets naturels, dont l'explication cependant tient a un certain bon sens ; autrement on ne voit que sortilèges , diableries , enchantements ; une éclipse de lune est un prodige effrayant ; un mouvement convulsif , une possession du diable : sans ces petits travers de l'ignorance , le philosophe s'égayeroit-il sur les possedées de Loudun, les exorcismes seroient-ils aussi communs chez les anciens juifs, que la saignée parmi nous ?

Je vais vous faire toucher au doigt la clef de la grande énigme que vous me proposez, et vous trouverez que la hausse du prix des denrées tient naturellement à la multiplication du numéraire. Remontons à une explication élémentaire .... pour effectuer l'échange mutuel des denrées, et faire circuler les fruits de l'industrie de chaque citoyen , on a imaginé certains signes qui représentent la valeur de telles ou telles denrées : car l'or et l'assignat n'ont pas de valeur par eux-mêmes : on ne mange pas du métal et du papier , ils n'ont de valeur que relativement a l'objet qu'ils représentent ; que ces signes représentatifs se multiplient , que la quantité des denrées reste la même , naturellement ces signes perdent de leur valeur. Supposons la richesse territoriale d'un pays à 1000 rasieres représentées par 1000 coquilles , (monnoie de certain pays des Indes) une coquille sera la valeur d'une rasière. Triplez le nombre des coquilles, elles diminuent de valeur relativement à l'objet qu'elles représentent ; appliquons cet

exemple à nous-même : au huitième siècle
l'argent étoit excessivement rare et les
denrées d'une très mince valeur, relativement au prix actuel ; une livre de cuivre ,
représentoit la valeur d'un bœuf, l'effigie de
cet animal étoit même gravée sur cette pièce
de monnoie pour préciser sa valeur extrin-
sèque. La dépense journalière de Charle-
magne , qui certes n'étoit pas un petit per-
sonnage en Europe, n'excédoit pas sept livres
et il avoit une table splendide. Alors 1300 l.
en argent paroissoit une grosse dot pour
la fille d'un roi. Maintenant même en rus-
sie , placée encore au douzième siècle sous
les rapports politiques , l'entretien d'un ca-
valier ne revient au gouvernement qu'à
neuf liards.

Le commerce que Venise et Marseille
ouvrirent avec Alexandrie et la partie de
l'Asie , que nous appellons Echelles du Le-
vant , introduisit dans l'Europe une plus
grande masse d'espèces et le prix des denrées augmenta. Enfin la découverte des
deux Indes , triple l'or et l'argent circulant en Europe , les lettres de change, les
billets de caisse augmentent encore la masse
des signes représentatifs ; ce qui valut
un denier au huitième siècle , valut
six sols au dix-huitième.

Au commencement de la révolution on portait à 1500 millions les espèces monnoyées circulant dans la France, et notre bien foncier étoit évalué 30 milliards, c'étoit bien là le *denier* 20, et la proportion étoit juste. Si d'un côté une partie de notre numéraire se consommoit en lingots ou s'échangeoit contre les richesses du Bengale et des îles du Vent, d'un autre côté nous rétablissions l'équilibre par l'exportation de nos vins, de notre huile et de nos modes qui donnoient le ton aux grandes villes de l'Europe. Mais notre numéraire est subitement triplé par une émission de 3 milliards d'assignats ; des mesures de Sûreté nous font isoler du reste de l'Europe : les canaux par lesquels s'écouloit le surabondant de nos espèces circulantes se trouvent ainsi coupés. L'équilibre entre les signes représentatifs et les productions territoriales se trouve rompu. Les denrées haussent de prix, mais la main-d'œuvre augmente de valeur. Une espèce de proportion naît ainsi d'elle - même, entre le consommateur et le marchand. Le peuple, qui ne suit pas cette chaîne d'économie politique, aigri par les insinuations perfides d'Hébert, de Chaumette et de tous ceux qui briguoient la toute puissance ; agité par tous ceux qui vouloient le pousser par le désespoir entre leurs bras, se souleve contre le négociant, dénonce la circulation des denrées comme un accaparement. Alors la crainte s'empare du génie commercial ; on soustrait ses richesses aux regards publics ; la méfiance naît de la méfiance ; les alarmes font naitre de nouvelles alarmes ; la circulation s'interrompt, la concurrence s'annéantit ; chaque district, chaque commune s'isole ; inquiet sur l'avenir, on ne verse pas le superflu de ses productions sur le district voisin qui s'isole de son côté.

Cependant les dépenses du gouvernement montent à un taux effrayant ; le décemvirat pour se faire des créatures avoit multiplié à l'infini le nombre de ses agents ; chaque ministre en créait à sa fantaisie ; des représentans sont envoyés dans tous les points de la République ; plusieurs d'eux, ont une cour de Satrapes, quelques-uns tiennent table habituelle de 100 couverts (1) ; ils ont leurs ministres, leurs agents ; des Comités de Surveillance s'établissent dans toutes les Communes, et grevent l'Etat d'un surcroit de dépenses, comme l'a dénoncé Cambon, de 500 millions. D'un

______

(1) Joseph Lebon à Cambrai.

autre côté, les mesures extravagantes d'un gouvernement sans plan fixe, sans sagesse ; des armées que l'on fait voyager en poste, et pour lesquelles, par des combinaisons vicieuses, on prépare des magasins de vivres sur deux routes différentes (2).

Toutes ces bagatelles réunies obligèrent le gouvernement à recourir à une nouvelle émission d'assignats, et la cherté des vivres augmentant proportionnellement, effraya de nouveau les esprits.... Le moderne Cromwell et ses têtes rondes, traçant alors leur plan de guerre contre la liberté publique, arment le non-propriétaire contre le propriétaire, ils se proclament les pères nourriciers de l'indigent, les camarades exclusifs du Sans-culotte; ils placent, pour ainsi dire, le commerce sous le glaive de Damoclès. Comme le Joseph des Pharaons, ils se déclarent propriétaires de toutes les denrées de la République; par les récensemens, les réquisitions, la taxe générale, ils les arrachent des magasins du marchand pour les distribuer au prix qu'ils font fixer par un décret.

B. Le moyen d'y tenir contre tant de

____

(2). Lorsqu'on fit partir en poste pour Tours l'armée de Mayence, des Magasins de vivres pour alimenter pendant deux jours une armée de 15000 hommes, furent a avariés et totalement perdus par la bévue de Bouchotte qui fit prendre à l'armée une route différente de celle que le Comité de Salut public avoit désignée.

blasphêmes ! quand cesserez-vous de dis-
tiller votre âcre venin contre la loi la plus
sage qui soit jamais entrée dans le sensorium
du Législateur. Apprenez , mon petit
monsieur , que le Joseph des Pharaons
valoit bien son homme et qu'il nourrît
l'Egypte.

A.   En la rendant esclave , en lui fai-
sant vendre sa liberté pour du pain.

B.   Mais enfin niez que ce maximum
n'ait pas fait succéder à la disette une abondance subite.

A.   Eh mon camarade , après trois mois-
sons abondantes, où peut-il exister de disette , si ce n'est dans le cervelet de ces oiseaux de proie, qui ne s'attachoient à notre
Révolution que pour la dévorer. Les denrées ne manquoient pas , mais elles étoient
chères parce que les signes représentatifs
étoient quadruplés. Le Maximum voulant
forcer la main du commerçant en faveur
du consommateur , fait rafle générale sur
toutes les boutiques. Qu'arriva-t-il ? Toutes
les denrées disparurent d'une circulation
publique , pour reparoître par des canaux
souterrains sous une valeur effrayante. Ainsi
un des plus extravagans de nos rois voulant
réprimer l'usure , la fit augmenter de 10

pour 100; tant il est vrai que la loi ne doit être relative qu'à la chose publique. Si elle s'étend jusques sur le secret domestique du citoyen, et qu'elle veuille s'emparer des sentimens de son ame, du secret de sa pensée, elle devient tyrannique, si elle n'est pas impuissante.

B. Une loi devient désastreuse quand on la laisse enfreindre partiellement. Le Maximum généralement observé, l'aisance deviendroit générale; il faut donc l'étayer à une loi de sang, alors nous serons forcés d'être heureux. Lycurgue ne mit-il pas le poignard sous la gorge aux Spartiates pour faire reconnoître ses loix bienfaisantes? Je soutiens que le bonheur doit se commander.

A. Lycurgue a bien pu montrer la félicité publique à la pointe de son poignard, il n'avoit pas affaire aux Spartiates, les sages modérateurs de la Grèce; mais il se trouvoit placé au milieu des brigands de la Laconie, qu'il soumit à des lois. Dailleurs, que me fait la conduite d'un homme qui vivoit il y a quatre mille ans dans un petit bourg; ce Lycurgue après tout n'est pour moi ni dieu ni diable. Vos patrons, les décemvirs, ont enchéri par trop sur son exemple; ils avoient isolé le gouvernement de la chose publique, de manière qu'il sembloit plutôt une partie hétérogène jetée parmi les élémens de la liberté pour les dévorer successivement; vexations individuelles, violations des propriétés, l'arbitraire aux prises avec l'arbitraire, et le peuple déchiré par ce choc; la théorie de la gabelle ressuscitée, non pour quelques communes seulement, mais étendant sur toute la France ses hideuses horreurs, des douanes odieuses et vexatoires établies à la porte de chaque cultivateur, au comptoir de chaque marchand; des inquisitions tyranniques, sondant le secret de chaque famille, effrayant le timide villageois jusques dans sa modeste chaumière. Le commerce, ce fier ami de l'indépendance, qui brave au Japon les inquisitions de la cour de Jeddo, et dans les Indes, les rafinemens du monopole anglois, obligé, sur un territoire libre, de se charger du nom odieux de contrebande, pour lutter contre les entraves que l'on multiplie autour de lui, le dirai-je, effarouché par des tortures continuelles, est obligé de s'émigrer; et nos grains de la Flandre et de l'Artois, par des canaux secrets autant qu'imperceptibles, s'engouffrent dans la Belgique, qui nous dévore plus que nous ne la dévorons. Voilà le résultat malheureusement trop réel de ces loix qui, déchirant tous les intérêts particuliers, les isolant forcément de l'intérêt général, qui ne paroît être que l'intérêt de tels ou tels individus, ne commandent l'obéissance que par des mesures coercitives; voilà le résultat de ces taxes qui détruisent le commerce d'individus à individus; de ces réquisitions qui ont porté l'arbitraire dans leur mille et une ramification. Sourds politiques, écoutez donc enfin la voix puissante de l'expérience, qui vous crie que la confiance commerciale est à l'épreuve de la *question ordinaire et extraordinaire.*

B. Mais enfin, Sparte avoit son maximum, et son gouvernement étoit sage et le peuple heureux.

A. Ah! vous touchez enfin le meilleur expédient pour donner de la vogue à votre maximum favori : pour mesure préalable, comblez nos ports, brûlez nos vaisseaux, mettez le feu aux quatre coins de Paris et des villes populeuses, proclamez la France une vaste capucinière à la *Spartiate*, où chacun les pieds en sandale, la besace sur le dos, viendra recevoir du magistrat sa pitance journalière. Condamnez au feu tout ce qui ne sera pas fait avec le rabot et la scie. Déclarez contre-révolutionnaires le timoléon de Chenier, les talens de Larive,et les chefs-d'œuvres du Musée national. Détruisez, brisez nos tapisseries des Gobelins, la manufacture des Vanrobès, le télégraphe de Chapt, et les presses de Guffroy, qui depuis quatre mois font si souvent suer le crime et passer tant du mauvaises nuits à la trinité des euménides décemvirales . . . . vos pantalons et votre bonnet rouge ne sont encore qu'un pas bien arriéré ; car , jusqu'à la culotte de Granet, il faut de l'industrie qui ne soit pas au maximum. Achevez dont votre plan sublime, déclarez que le vrai révolutionaire doit abandonner le soc de la charrue, le pinceau de Lebrun, le métier sur lequel on fabrique le fin drap qui renferme dans son étroit contour le sans culote billaud, et même le pressoir divin qui distille ce vin de Bourgogne dont daigne être friand le *grand Duhem*. Revenons à la methode de nos viels ancêtres. Relançons le sanglier dans les bois de la Vendée, ouvrons ses veines avec des oncles aussi crochus que ceux de C..... pour nous désaltérer de son sang tout chaud. Dévorons ses membres palpitants et que sa peau sanglante nous serve de vêtement ; pour nous délasser ensuite , nous nous assoirons aux pieds d'un chêne , en mâchant du betel un demi jour entier sans mot dire , sans détourner la tête. Ah quel grand bonheur que celui-là! plus d'égoïsme, plus de luxe, plus d'inégalité dans les fortunes ; le maximum seroit la loi des dieux : certes les peuples de l'Europe n'enviant pas notre félicité ne troubleroient plus nos célestes jouissances.

Voilà le petit expédient aussi simple que facile qui fera exécuter la loi du maximum. Autrement elle est une de ces loix qui ne sont qu'un hochet pour l'homme puissant, et le fléau du *sans culotte* qui n'a pas la clef d'argent pour ouvrir les canaux souterrains où se réfugie notre commerce ; en dépit de cinq années d'une révolution populaire, nous voilà revenu à cette toile d'araignée dont parle Anacharsis qui ne prend que les mouches...... tel faiseur de maximum qui sur la banquette de législateur roucoule avec complaisance qu'un sans culotte ne doit avoir que du pain pour se nourrir et du fer pour se battre, va chez Very se dérider au sein d'un banquet délicat, et sablant, le Champagne mousseux, il plaisante sur son austérité philosophique qu'il a laissé sur sa banquette , tandis que le troubadour Barère fait de jolis calembourgs sur les carmagnoles qu'il a déssinées avec élégance ; pauvres humains , serez-vous toujours la dupe de ces pharisiens politiques qui gravent le mot *égalité* sur leur bonnet et font de votre destinée le jouet de leurs caprices ou de leurs boutades ambitieuses.

B. Ah parbleu, je vous quitte, car vous finiriez par avoir raison; mais avant de vous dire adieu je desirerois assez vous entendre conclure.

A. Eh bien, voici mon résumé. Quand une contrée favorisée par un sol fertile est inquiète et malheureuse, par ses sollicitudes sur les moyens de jouir, à coup sûr des loix défectueuses rendent illusoires les bienfaits de la nature.

Quand une loi ne favorise le gouvernement qu'en l'isolant du Peuple, je dirai que cette loi, loin d'être un acte démocratique n'est que le résultat d'une oligarchie plébivore.

Quand tous les intérêts particuliers s'insurgent contre une loi, je dirai que cette loi est désastreuse, car une bonne loi, confondant tous les intérêts particuliers dans l'intérêt général, devient le vœu de chaque citoyen.

Quand le lendemain d'une moisson fertile, les inquiétudes sur les Subsistances tiennent un peuple entier dans des alarmes toujours renaissantes ; laissant de côté ces déclamations Hébertistes sur les accaparemens, qui ne sont que le résultat de la frayeur ; car il faut être un Choiseul ou un Necker, avoir des millions en sa disposition, et n'être pas placé sous les regards de 25 millions de Citoyens en surveillance permanente, pour monopoler les denrées d'un vaste territoire ; je dirai que les mesures du gouvernement sont vicieuses ; ainsi, mon ami, s'il se trouve un dénonciateur contre le Maximum ce n'est pas moi, mais l'expérience.

J'ai dit.

A Arras, de l'Imprimerie des ASSOCIES.